피꽃 피우고

산억수 제2시집

피꽃 피우고

■ 시인의 말

늦었다.

첫 시집 '바람공쟁이'를 걸고.

좋은 시라면 치욕恥辱도 넘기고.

부탁 할 순 있지만 구걸은 말자.

너무 늦었다.

어서 넘기자.

윗세오름 하여사 속닥이는 소리.

                                      2023년 초가을 바람공쟁이에서

차례 106 편

■ 시인의 말

제1부 ㅅ

심부름

1.1. 심부름 · 17
2.2. 자화상 2023.79 · 18
3.3. 새끼 뭣산디 · 20
4.4. 둥지 · 22
5.5. 수의壽衣 · 24
6.6. 이별 · 26
7.7. 늙은이 · 27
8.8. 멍청이 · 29
9.9. 구역질나 · 30
10.10. 어떤 저녁 · 31
11.11. 일박의 인연 · 32
12.12. 모병하 · 33
13.13. 저녁 · 34
14.14. 서귀포서 본 · 35
15.15. 별하늘 · 36
16.16. 손주와 약속 · 37
17.17. 삶 · 38
18.18. 둥지 · 39

19.19. 재선충 · 40
20.20. 지구에 다시 올 때 · 41
21.21. 소쩍이 무덤 7 · 42
22.22. 새끼 소쩍이 1 · 43
23.23. 어린 소쩍이 2 · 44
24.24. 근주近酒 소쩍이 3 · 45
25.25. 소쩍 엄마 4 · 46
26.26. 소쩍이 5 · 47
27.27. 울 멈춘 소쩍이 6 · 48

제2부 ㅅㄹ

30대 밤하늘

28.1. 피꽃 피우고 · 53
29.2. 그리움 · 55
30.3. 강자영 · 56
31.4. 하여사 · 58
32.5. 연장 각시 · 59
33.6. 30대 밤하늘 · 60
34.7. 바람 몰래 · 63
35.8. 미여지벵뒤 쉼팡 · 64
36.9. 아내 · 66
37.10. 31년 전 · 67
38.11. 황왕구 · 69
39.12. 공짜 · 71
40.13. 불 · 72

제3부 ㅊㅇ

인충人蟲 24

41.1. 인충人蟲 24 ········· 75
42.2. 청계천 새앙쥐 ········· 76
43.3. 황금낭 ········· 77
44.4. 유기농 ········· 79
45.5. 2018년 초 지구 ········· 80
46.6. 축 사망 ········· 81
47.7. 억새왓 폭낭 (4.3 이야기1) ········· 82
48.8. 빨갱이 (4.3이야기2) ········· 84
49.9. 총살대 삼촌 (4.3이야기3) ········· 85
50.10. 동백 심다 ········· 86
51.11. 부처 ········· 87
52.12. 축제 ········· 88
53.13. 사람아 ········· 89
54.14. 미리네 황장어 (4.3이야기4) ········· 90
55.15. 동백꽃 (4.3이야기5) ········· 92
56.16. k 명작 ········· 94
57.17. 검 어르신 ········· 95
58.18. 진드기 ········· 96

59.19. 어떤 통일 · 97

60.20. 엇쩍이 (4.3이야기6) · 98

61.21. 코로나19 · 100

62.22. 반도둑 · 102

63.23. 사 허수아비들 · 103

64.24. 사랑쓰래기 · 104

65.25. 백죙이 귀신 · 105

66.26. k 민주주의 · 106

제4부 ㅇㅈ

성봉이

67.1. 성봉이 ··· 109
68.2. 오르미 ··· 111
69.3. 경언이 ··· 113
70.4. 청구서 ··· 115
71.5. 어머니 ··· 116
72.6. 거리 ··· 118
73.7. 수녀님 ··· 119
74.8. 행운 셋 ·· 120
75.9. 20180904 ·· 121
76.10. 이 산 저 산 ·· 122
77.11. 제주시서 본 ·· 123
78.12. 목돼지 ··· 124
79.13. 골초 ··· 125
80.14. 짱미 ··· 126
81.15. 그녀의 선물 ·· 127
82.16. 점심 ··· 128
83.17. xxx과 xx이 ··· 129

제5부 ㅅㅅ
배냇톱 달

84.1. 죽어 백 년 후 ·················133
85.2. 하 여사님(ㅎㄴㅂㄹ) ············134
86.3. 구걸 ························135
87.4. 다섯 테마 ····················137
88.5. 재미로워 ·····················138
89.6. 2023년 시詩 79 ················139
90.7. 71년 시詩 ····················140
91.8. 시詩 몰랐다면 ·················141
92.9. 배냇톱 달 ····················142
93.10. 우러나는 시詩 ················143
94.11. 시인의 점심 ··················144
95.12. 배곯다 ······················145
96.13. 호신護身 ····················146
97.14. 심장사상충 ···················147
98.15. 술푸대 ······················148
99.16. 어이고 ······················149
100.17. 이 밤 저 밤 ·················150

101.18. 나 서정시 ························· 151
102.19. 돌려드리며 ························ 152
103.20. 사람되려 ························· 154
104.21. 20200923 ························ 155
105.22. 광시병狂詩病 ······················ 156
106.23. 가생202379 ······················· 157
■ 시집 평설 | 이제인 ···················· 160

제1부 ㅅ

심부름

심부름

이웃 지구에서

불씨 얻었으니

저녁 지어야지

어서 집으로 가자

붙임: 가기는 가야 할 터인 데에

자화상 (2023.79)

억새머리
8센지 쫄았더라 하 큰 키에
새우등허리
얼마 전 쉽게 열 번 넘기더니
턱걸이는 커녕

지난 여름날

인수봉 로프 걸고
산 아가씨
지 젖가슴 보다 크다 킥킥
이 산
저 산

세월 팍삭 사그라지고

다행인가 큰 병 없이 오늘까지
부스러기 개 주면서 나 먹고
콘크리트처럼 굳어가는 몸

코풀레기 어린 새잡이가
이 오름 저 오름 쏘다니고

지친 늙은 거북 나 보고 있다

새끼 뭣산디

어슬녘

식솔들 자리 올라
꼬곡꼬곡 부름도 모른 채 하며
족대왓 담벽 밑
꼴찌만 남아 어슬렁거린다

족대포기 숨어 접근 얼룩물체
삵
단발에 꼴찌 덮친다
동시 날아온 어미닭 삵 눈 쫀 순간

혼나간 꼴찌 장 올랐고
삵 아가리 파닥이는 어미

아빠와 밭일 돌아오던 사냥개
족대왓 몸 날려 도망친 솔왓으로 내 달린다
잠시 후 대가리 없는 어미닭 아빠께 넘긴다

술푸대 아빠
술 끊으려는데 안주 때문에
삼촌네 제삿술 꾸어오라
카아카아 마셨고

엄마 국 사발은 내 앞 밀리고
나는 닭국을 두 사발이나 하아
배 터지게 먹었다

맹물에 된장 한술 풀고
소리 없이 들이키던 엄마
새끼가 뭣산디

둥지

못나 능력 없어 궁색하게 살아온
이름 없는 시인 산 억수

딸 '산 수진'
수녀원 까리따스유치원 교사 밥벌이하고

아들 '산xx'
나 닮아 못났지만 소중한
전산통계학박사 대학 출강 연구실 살고

나 며늘아 'xxx'
s대 대학원 영어교육학 합격한 걸
서귀포로 내려와서 결혼 오누이 낳아
대학교에서 박사논문 쓰고

새침데기 '산 율'이는 2023년 초등학교 입학
여동생 '산 엘'
유치원에 남아 고모 괴롭힌다

산 억수네 명문가 만든다고 바쁘바빠

수의壽衣

행복치 못한 삶이었지만

아들딸 결혼
문학상
시집 출판기념 때

입던 옷 입고
속옷은 평상시 입던 따스한 걸로
딸 사준 허리띠로 편히 차려
이름 없는 시인이라 시인증
꼭 챙기고

빈 쌈지 인색할 테니
가다 허드렛 벗이라도 만나면
한 끼 하게

아들며늘아딸 만원씩 얻어

삼만원(일반정식7,8천원) 여유 있게

가야지

이별

서둘지 말고 쉬엄쉬엄

세상 따스한 인연들만

가슴에 묻고

뒤 돌아보지 말고

아니

간혹 살짝 돌아보아도

가리라

늙은이

파스 한 장 붙였으면

며칠 전부터 어깨 결려

운전 폰 못하고 못 받고

등판 굳었다

밤 넘기고 아예 종합병원 가야지

그사이 무슨 일이야

이불 위 파스 여섯 장 펴고 뒤로 굴러

밤 넘기고

아침

그럼 그렇지 어깨 풀려가고

병원 거긴 뭣 하는 데라

자동 일기예보에는

날씨 쌀쌀

늙은이들

모자 쓰란다

멍청이

살아온 날들 뒤 돌아보니

여사님 모자 쓴

날라리 소개 날라리 만나

나 인생 날라리

삶엔 도돌이 없다

시집은 양장본 기념비 만들자

잎 뒤 숨어 잘 익은 복숭아만 골라 먹던 까치

시부터 명작 써라 이

멍청아

구역질나

김나리 여사

윗도리 던져 걸고
걸상 밟고 책상 걸터앉아
강의하는 교수 멋지다고

화끈 쏠 때 쏘고
당신 절대 못 할
ㅇㅇ도 능력이라고

취객 토사 밟던 구둣발
한 잔 술 친구에겐 인색하고
미끼 잘 쓰고 먹는
ㄴㄴ들

구역질 나

어떤 저녁

멧사냥 허맹이랑

만원(일반정식7,8천원) 뷔페 했으니

한 끼 건너야

속 편하겠다

마음도 편타

일박의 인연

생후 일박

어쩌다 악성 폐렴
엄마와도 격리 엄마의 보약 초유도 못 받아먹고
홀로 중환자실 거미줄에 걸려

마음 준비하시라고

아직은 서투른 엄마아빠
벽 무너져
나라도 정신 가다듬고

주문한 꽃관 태우고
꼭

보내야만 하는가

모병하

대학병원 혈액암 동

조금 남은 놈 도망질에
한방 5백만원(최저임금월1,573,770원) 강 항암제 한두 번 투여하면
3.4일 후 내려가 백호(형애견) 본다고

올라갈 때 넘어 간 음성이더니
7.8십은 잡았다고
쟁쟁음성으로 웃었다

3.4일 후 오늘 저녁
서귀포의료원 장례식장 형 웃고
있다
조의(5만원) 앞면에

간혹 생각이 나겠습니다

저녁

팬에 콩기름 한술 던져
식빵 한 장씩 덥혀
일곱 장

들기름 꿀 한 덩이 풀어 바르고
굵지랑 말자
꾸욱꾹 먹었다

야가기(모가지) 능글능글
기름 떠다니고
구토

따뜻한 물
큰 한 잔
씻어 내렸으니

아침은 굶고 넘겨야지

서귀포서 본

한라산은

아버지

입술

별하늘

멍석에 누워 깊디깊은
하늘에 별을 본다

반딧불 날아와 놀려도
잡을 마음이 없어

밤도 졸려 별똥별 한라에서
문섬 넘어 사라지면

언젠가는 죽는 거라고
엄마도 어쩔 수 없다니

언 듯 스치는
절대 적막감

다섯 살
양 볼 타고 흐르는 눈물

눈물

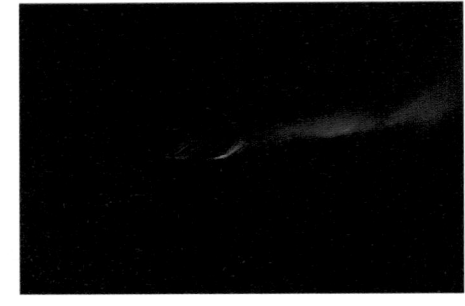

손주와 약속

서둘러

새벽 일어나 보니

저만치 먼저 나와

기다린다

하현달

삶

산다는 것은

지식 49 지혜 51

지혜 51

지혜 51

둥지

엄마 꾸지람 서러워
벽장 올라 보니
둥지 생겼다

걱정 뭉쳐 부르는 소리에
잠 깨 보니 어스름
쇠막에도 없다 올레로 내달릴 때

으아 울었다
엄마 나 볼 부비며
아이고 나 새끼 시렁에 자는 걸 몰랐구나

며칠 후

둥지 포근함 얼마를 잤을까
건드렁이 마시고 들어 온 아빠
엄마도 말려주지 아니하고

오줌 싸도록 맞았다

재선충

바람공쟁이

지킴이었던

수백 년 살아 온

곰솔

벌초 앞둔 어느 날

왔는가 했는데

서둘러

떠날 채비를 한다

지구에 다시 올 때

쪼그만 나라

파벌 나라

둥글 납작 체형

지구 인충人蟲으로 오지 말아야지

나

서정시인으로 오겠다

나

소쩍이 무덤 7

술 술 술

살았을 때 술을 주라 술술
죽어 술 올리면 나

발로 탁 차버릴 테니까

하늬바람 억새를 스친다
술 양손으로 따라드렸다

술잔 엎어지고 만다
다시 넘치게 정성으로 올렸다

하늬 기다린 듯 요란스럽게
억새 숲에 패대기 친다

아버지도……

새끼 소쩍이 1

애 아빠
시집갔다 돌아온 동네 여인
몸 마음 간 것 보고

거문녀 장태코*
짠물 길러 간다더니

젖먹이도 깜박 잊고

머리 빈허벅 짚신
가지런히 벗어놓고

파도 길 따라 가셨다

---
* 거문녀 장태코: 본 서귀포 동남 바닷가.

어린 소쩍이 2

눈 덮인 새벽

초가 마당

굴묵(방고래)에서 돼지 먹이 쇠막으로

배고픈

어린애 맨 발 자국

맨 발 자국

종 종 종

근주近酒 소쩍이 3

나 세상 처음 본 건

술바다 푸아푸아 헤엄치는 아빠
술 주라 술술 술을 주라

나 죽으면

소 팔아 돼지 잡고 술 사들이고
난 한 잔 술도 받아먹지 못한다

살 때 주라 살 때

죽은 다음
침 발라 우는 시늉 말고

술 주라 술술 술을 주라

소쩍 엄마 4

머리채 잡고 푸닥질하다 쓰러진 아빠
무릎에 재우며

어머님

서방 뺏긴 한이
돌덩이가 웅크려서

기다리던 새끼 피 토하며 운다는 걸
잊는단 말입니까

280 날 당신 몸 조금씩 나눠
이승 저승 오가며 낳아
젖 물리던 새끼 잊고

어찌
스스로 가실 수 있단 말입니까

어찌 어찌.....;;.

소쩍이 5

신은 없다

귀신은 무슨 귀신
말짱 헛일이여

살았을 때 술
한 잔 술이라도 살 때 주라 살 때

술

죽엉 가서 귀신 있다면
내 앞 술 올리면

잘 보라 내가

울 멈춘 소쩍이 6

꿈같던 술도 끊고

아니 못 마시고
이젠 우리도 잘 살 수 있단 생각
죄를 지은 것 같다

저물녘 어머니 잠깐 일어서려는 데
치마 폭 잡는 앙상한 손
어디 가지 말라고
알았음

집 걱정이랑 마시우
돌멩이 같은 놈 군대 가고
나야 오늘 큰 놈 저 날은 셋 것 집 얻어먹다
그럭저럭 따라가요

겨울인데 소나기성 폭우
형들 언제 왔나

당신 어머님 얼굴 모르지요
자기 닮은 여인만 찾으심
기다리겠수 어서 가시오

입술 조금
허공 돌던 눈망울 멈추고
쓸어내리는 어머니 가는 손

당신은 좋겠음 엄마도 만나고

제2부 ㅅㄹ

30대 밤하늘

피꽃*피우고

논산신병훈련소

전반 6주 바악빡 마치고
말단 보병 후반 12주 강원
산골짝 들어갈 때

크리스마스에 만난다
그녀
남영호**탔다

군대 가기 전날 밤
서귀포고향뒷동산잔디밭왕창부서지는달빛
군 생활
동정 버린다고

아아 작산***거 다 들어 가아

3년 만기 제대
고근산 걸려 넘지 못한

그믐 이운 눈썹달

솔가지 잡고 기다리고 있었다

---

* 피꽃: 숫처녀총각 생에 단 한 번 피우는 꽃.
** 작산: 크고 굵은 성숙의 제주어.
*** 남영호: 부산-서귀포 정기여객선. 12월15일 밤 1시15분 전남 여수 남동쪽 35km 지점 해상 침몰. 감귤 과적 허용량 4배 이상 초과. 안전 무시한 선주 압력에 선장은 내린 상태. 탑승인원 338명. 사망 그녀 포함323명 구조 15명.

그리움

십 대 후반

능력은 커녕 멍청하고 가난한

알퐁스 도데 별 뜬 걸 보고

나 오솔길 찾아 산을 헤매다

할아비 된 지금도

오늘

하여사 서귀포를 둘러본다

강자영

문화원 시 강좌
46년 만에
강자영 만났다

서귀포백록산악회 회원
서귀포 보건소 볼레낭개 처녀
재혼남 시집간다기에

처녀 아니냐
총각한테 시집가야 한다고
따져야지

오늘은 출장 중
다음 날
오늘도 출장 중

다시 다음 날
언제나처럼
덜덜 오토바이 타고 가는데

밭뙈기는 있고
뭣 먹고 살젠

돌아보니
과수원 없고 강자영 없다

하여사 ㅎㄴㅂㄹ

하여사가 왔다

시월 중순
검붉은 입술
몇 번이나 더 볼 수 있을지

보고팠다며

지난겨울 끝자락
매화 지자 샛트집에
문섬 넘어 눈 주더니

땡볕 한풀 꺾일 즈음
학수바위 뒤편 시오름
둘레코스서 봤다던

쌀쌀하기가
어릴 적
지금도 연인

연장 각시

삽 금 간 것 보니

빌려갔었구나

각시 남 쓰고 나면 여인

여인 서방 저주

마음 비우고

미련 내팽기고

보내주라

연장과 각시

남 빌리지 마라.

30대 밤하늘

별거 한지 몇 년
꿀벌을 치며 충견 데리고 산 산
넘나들던 날

재수에 재수 합격했는데
어려워 대학 포기하란다고
산악회원 아직은 소녀 투정이다

벌들 구경 한다 기어이
90cc 덜덜 오토바이 뒤 타더니
산악길 소녀 가슴 뭉개 터지고
깍지 낀 허리 숨 막혀
괴성 깔깔 한나절 시달려
서산 동산 만난 Y자 산버른내*

손 모아 웅크려 아프다 까르까르
와아 우리 섬에도 이런 곳이 웅장한 건천
반씩 쪼개 먹고 라면 세 개 끓렸더니
집에선 하나도 남긴다고

산 어둠 일찍 오고 서두른다
옷깃 올리고 올라타자
지가 라면 많이 먹어 펑크라고
어쩔 줄 몰라 하는 나 위로한다

벌막 벌막 있잖나요
재밌고 기발하단 듯
백록담 너머 별들까지 몰려와
ㅋㅋㅋ……

서릿바람 밀림 말 달리자
겁 질린 눈망울 품 파고들고
출렁이던 소녀 가슴 평안해진다

여인 내움
참으로 오랜만 찌잇찌잇 몽롱해지며
고개 든다

은하강 옆

밀림 산막 사냥 나온 오빠 품
어린 여동생 잠 깰라 한잠 못자
별 헤어 본다

하나 둘 셋 ...아홉...열여섯...이른다섯...백열아홉......

---

* 산버른내: 서귀포에서 보면 백록담 정상에서 서귀포 쪽으로 산을 가르며 내려온

바람 몰래

며늘아가
시아비

23년 째 혼자
영양 상태 엉망이라며
하루 세 번 잊지 마시라고
한 재 지어왔다

일 주 정도
새벽 께서 보채는 게
어찌 그렇다

며늘아

바람 몰래 컷신*
일
보실래요

―――――――――
* 컷신 : 빠르고 신속 남몰래. 제주 말.

미여지벵뒤 쉼팡

지구 두고 온 새색시 생각에
뒤 돌아보니

저만치 기다시피 따라오는
꼬맹이...아니

야 이놈아 엄마랑 살지 않고

엄마, 엄마가 어떤 년인데
남자 만나면서
나 산부인과 폐기물에 버릴 때

자궁을 찢어버리고 왔어

신혼여행 중
색시 운전해본다고
핸들 뺏더니

바다에 추락

홀몸이 아닌
겨우 살리고
왔었다

아내

탱자가시

쿡쿡 찌르는 속 쓰림

만성위축성위염 장상피화생……

젊은 친구가 이렇게 위를 혹사시키다니

여보

이제부터라도 제 때 밥 먹자아

아니 이제부턴 꽁무원이라 밥 제 때 잡수시게

31년 전

그녀

지구 떠나기 전
정리할 것 있다고
이 때 즈음 스치듯 두고 간다

아들 독창회 초청장

독신주의 올드미스
굴나무 접때 수눌음 한 것 있어
야산 굴과수원 만든다고 오라기에

땡볕 일찍 놀러온 날
젊음 두 덩이만 어쩐지 좀 하기도 하고
힘 쓸 일만 시키기 미안함에 웃음꽃 피우고

땀으로 빼진 히프 열기 몰각몰각
등물하고 쉬자 끌더니
신비스런 호기심에 머리 내민 모가지 비틀고

몽롱하게 넘어갈 때
거친 아아 으으으……
태우고 내달린다

검푸른 덤불 서귀포의 오름을

황왕구

이제는 총각

군인 살 때부터
사연 주고받던
아가씨 만나러 섬에 왔다

고향에서 찡기고 온 돈 몇 푼
연락선 내리니 바닥
빌어먹을 순 없다
엿판 짊어지고 섬을 돌았다

헌 고무신 대유자 껍질 산물(진피)은 최상이고
운 좋으면 족도 만났다
년 넘게 굴러 코흘리개들과 친해질 즈음

울렁 가슴 서귀포 굴왓으로
사진처럼 허리 기인
주먹 엿 두세 덩이 주고
보고팠다 했을 땐

저만치
과수원 돌집 와르르

36 년 후

빌딩 세 놀려는데
어디서 본 듯한
아 그때

엿 값 주실래요

공짜

공짜라면

ㅂㅈ

ㅈㅈ

다

주워 먹지 마라

공짜라고.

불

한 밤
다급한 폰

살려줘-!

난 능력 없는 놈
당신 좋아하는, 오ㅇ도 능력이라고
옆에 있잖나

그 놈 혼자 도망쳤어!

서귀포 바닷가 좋아좋아 모텔 화재
서른넷 들고 33명 사망

그 중 한 여인 다 빠져 나와
비상문 잠겨 구석에 박힌 걸

소방경찰이 찾아냈다

제3부 ㅊㅇ

인충

인충人蟲 24

우주 지구별 k 동쪽나라 인충들

아메리카(J)와 코리아(Y)

동조 하에

핵 오염수 태평양에 버린다기에

2023년 8월23일 한낮

마지막

말린 생선(ㅁ1.5)

1천5백 마리 사들고 오는데

폭염 속 천둥번개가

창공을 찌르며 울부짖는다

청계천 새앙쥐

꿀벌들
한 철 꽝뼈 몽글게 장만한
월동 벌꿀 도둑 처먹고
똥오줌만 싸고 갔다

주가조작
국정원 사이버 댓글
노후 군 장비 사들며 잡숫고
예술인 블랙리스트
노평상 취소 요청
거짓, 진실보다 더 진실다운
봉화 집 가는 길 함정파고

청계천 담고망 숨어
감추리는

눈

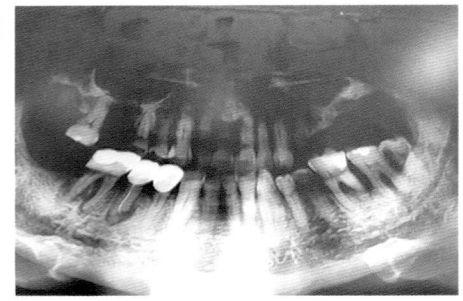

황금낭

간식이란 말 없던 시절
고구마 점심 먹는 집 부러운
식게(제사) 기다려 곤밥(쌀밥) 먹는다

어쩌다 서귀포 왔고
섬사람 애처로워 눌러앉았다

지긋지긋 바람 싫지만 참고 견디며
현무암 식은 땅 서서히 뿌리 내렸다
5년 되는 해 하나둘 열리는 걸 배우고
6년부터 먹은 값 했고
황금덩이 내 건다
대학낭* 라고 신났다
풍성히 더 풍성히

오토바이 내려 화물겸용 세워두고 승용차
슬레이트 집 양옥 바뀌더니
여행 갔다 와선 손가락 ㅂㅈ 만들며 몇 번 했다 훈장 단다
남자친구 없는 못난 년 아니라고도

내가 부富를 줬건만
친일좌익구데타독재정치가 부를 만들었다고
나 보곤 아무렇게나 잘 자라는 멍청이
조국의 미래는 문제가 아니고
진실보다 법이 우선인 사회
원수 사랑하고 동지 죽이는

섬 온 지 60년 넘고
이제는 떠날 때

멍청낭

---
* 대학낭: 귤나무 열 그루 만 심으면 대학 학자금 됐다.

유기농

유기농 한다고 풀 뽑지 않았다
그들도 살아야 기에

마당보다 넓은 땅 대여섯 컨테이너
거두리라

이럴 수가

풀뿌리에 몰린 고구마 줄기들
풀뿌리 닮은 쭈그렁 몇 개

잡초 잡초에 몰려 잡초
잡초

잡초

2018년 초 지구

러시아 족제비 살고

아메리카 쏠두뤠* 살고

만주 넘어 땅거북 살고

열도 섬 기생오라비 살고

백두산 수돼지 살고

백좆이 새끼 길 막히고

청계천 새앙쥐 감빵사신다

―――――――
* 쏠두뤠 : 모자란 듯 잇속 챙기는 사람. 제주 말.

축 사망

축
20180613

축
백쥥이귀신 돌아가시다

축
20180613 백쥥이귀신 돌아가시다

억새왓 폭낭

   - 4.3 이야기 1

해방된 조국
사태 나고 황 씨 산사람 따라 산으로 올랐다
아내 자식까지 몰살시키겠단 말에

나라 찾아 준 고마운 미국
일제 경찰을 미군정 경찰로

그 날은 황씨 네를 잡아 들렸다
서방 산으로 오른 폭도 각시라고

날치는 서북청년단 순경들도 번갈아 들었고
탱자가시 박히던 그 날 밤
어둠 풀릴 즘 울분과 치욕스런 몸꼴로 지서를 기어 나와

마을까지 왔지만 집으로 들어가지 못하고
집 쪽으로 벋은
늘어진 가지에 매달았다

목

황 씨 아내
목덜미가 긴 여인

빨갱이
 - 4.3이야기 2

손가락질

빨갱이가

아니 빨갱이 빨갱이 만들어

총살대에 세운다

4.3

총살대 삼촌
  － 4.3이야기 3

미안 미안허우다

나가

방아쇠 안 당긴다고

삼춘이 살수만 이시민

어진 아이한테 죽을 수 이성 다행이여

잊지 말고 잊지 말고 기억만 해 주라

나 하늘님 이름 걸고 말 허주만

난 빨갱이가 아니여

난 빨갱이가 아니여

동백 심다

- 벗3.1

나

지구에 살면서 아끼는 벗

셋 중에

2018040374 연월일 나

오래 전

보아 두었던

15생 쯤 된 검붉은 빛 골라

바람공쟁이

동백낭 심다

부처

무소유 말할 때

군 입대 앞둔 청년
속세 떠나 절에 든다

자비를 말할 때

분홍 입술 보살님
오만 원 권 꼭꼭 채우고 집 나선다
부처 만나러

나 속물인가

축제

고급스런 예절에

먹고 마시는 깔고

애교스런 탈선 웃어주는

함께 도민과 뭍 문학축제는

동박생이 것* 주듯

춥고 배고픈

아니

건강을 위한

다이어트 축제

―――――――――
* 것: 밥 먹이 사료의 제주어.

사람아

어쩌다

ㅈ 달고 나왔다고

거들먹거리지 마소

제아무리 떵떵거려도

나 ㅂㅈ 속 미물이라네

이 사람아

미리내 황장어
- 4.3 이야기 4

새우등 꺼북이 됐다

산사람 몰래 토벌대 피해
아빠 파놓은 족대왓 땅굴
바위 내려앉아

5살 어린 것 허리
뼈가 늙어지면
튀어날 수 있다는

잊고 살았다
k명의도

쇼윈도 굽실거리는 추한 늙은이

그곳 팔뚝만한 황장어에
서귀포 대유자 열하나를 넣고
낮 모르게 열한 밤을
기도하는 마음으로 고아

아침 식전 해 몰래
한 두 계절 먹어주면
어떤 허리병(4.3병)도
특효 완치된다 했다

나 오늘 저녁 미리내 밤낚시 간다

동백꽃
- 4.3이야기 5

누님 날 밝고 해질 때까지 울다
밤 되도 울다

밭일 늦게 돌아와
항아리 물 없는 걸 서둘러
어슬녘 물허벅 지고 성 밖 정무시*로

삐까따주임** 순찰 돌 시간
놀란 아버지 나서는데
찢어진 옷 겨우 걸치고 와선
엉엉 울다

이놈 너 죽이고 죽는다 낫 들고 나서는
어머니 손 부비며 무릎 꿇어 애원 한다
놈 건드렸다 이 시국 폭도로 몰려
씨 멸족한다고

북뎅유지 껍질 말려
엿 바꿔 주는 누님

분 냄새 좋다

날 밝아 울음 멎자
더 바랄 것 없다

어머니 울고 아버지 운다
나도 다시 울었다

시집갈 때 입는다던
하얀 옷 입고
아찔 기암절벽 정방폭포

누님
떠다니고 있었다

---

* 정무시: 정방폭포에서 북으로 2백미터 거리 지하수암반 샘터.
** 뻬까따주임: 일본순사 출신. 해방되자 지서주임. 까딱하면 재판 없이 총살.

k 명작

당파싸움

고려, 회군하고 쿠데타

조선시대부터 지금까지

나라 망해도 포기할 수 없는

찬란한 우리의 국민 유산이다

당파싸움

당파싸움

검 어르신

친일 좌익 쿠데타 군부독제 시절

오금 저려

간첩도 만들며 상납하시더니

피와 촛불로 지킨 민주 어진 대통령 머리에는

오줌 깔긴다

찌익~찌익찌익~찌~~~~~~

진드기

열대야에 폭염
이른 아침 서둘러 농약 살포하려니

비싼 전문약이라고
100그람 25말용 한말 4그람
4그람 뜰 방법 없다

제약회사 용기 넣어 줄 수 없다 하고
농민위한 농협 하소연 하니
정밀저울 사서 쓰라 싫으면 안사면 되고

햇덩이 따라 달려온 폭염 40도 넘기자
감귤밭 늙은이 몸과 맘
다

시들었다

어떤 통일

소원은 통일

그날이 올 때까지
긴 기다림이어도
남침 북침도 안돼

무력통일 되면
중국 남아도는 땅 빌려
미사일이나 쏘아대면서
같은 동포인데
돈 내라
미군 철수 시켜라

믿을 수 없는
공산주의는
심장사상충이다

엇쩍이
- 4.3이야기 6

늙은 곰솔에
밤마다 찾아오는

서귀포 쌀오름 앞 헬스케어 만든다고
임자 없는 무덤들
포크레인
안 듯 모른 듯 모른 듯 파헤쳐 버렸다

지난 4.3 때
토벌대 무서워 산사람에 오금 저려
마을 사람들 대왓에 숨었다

배고파 우는 새끼
젖가슴으로 눌러 죽인 철모른 어미는
미쳐 억새왓으로 사라져버렸고

솔왓 아기무덤 사라지자
밤 깊도록

엇쩌엇쩌 엇쩌엇쩌엇쩌
엇쩌엇쩌 엇쩌엇쩌엇쩌~~~~~

코로나19

중국 우한 연구소 출생

변종에 변종 무장하며
지구에 선전포고

지구 마비시키고
다정안되사랑안되집단안되종교안되도쿄올림픽안되스포츠
안되안되안되안되······

지구총사령부도 점령

20230531기준 지구 사망자 6,879,323명
k 34,804명이다
통계에 잡힌 사람들만

필수무기 마스크

지금 작은 나라 절반 대한민국은 최전선에서

최소한의 전사로 모범적인 전투중이다

팬데믹

반도둑

순혈 명 혈통 강아지를

큰돈 주고 사들인 도 사장

조심했는데도 풀려

옆 큰개한테 물려 죽었다

이유 없이 죽었다고 병 든 것 아니냐

종견장에 따지더니

며칠 후 다시 한 마리 보내왔다

미안하다며

그러면 그렇지

사 허수아비들

사랑을 소리나 모양으로 만들 때

사랑은 이미 사랑 아니다

사랑의 허수아비들

허수아비들

허수아비

사랑쓰레기

클린하우스 넘치는 쓰레기

대형 기능트럭 싣고 가기 바쁘게

악취 파리 떼가 우글락 거린다

세계 유명관광지 서귀포

사랑 그리워 사랑이 운다

사랑 쓰레기

백좆이 귀신

문대통령도 임기 끝났고

잡아 너야 돼

잘못 있으면

잘못 없으면 만들면 죄지

만들면 죄?

만들면 죄

죄

k 민주주의

국회격투기장

격투기 여
문대통령 아베 앞에
무릎 꿇어 사죄하라

이 땅 자유가 처음 들어올 때
내 밥 먹고 내 똥 뀌는 것 자유라고
무식 자랑 했다

2021년
대한민국 민주주의 몸통
썩은 자유가

썩은 자유

제4부 ㅇㅈ

성봉이

성봉이

샛형 작은 아들 성봉이
61세(1963) 총각

나 좀 도우라면
어딨다가도 달려온다
헛 부지런 늙은 숙부 혼자
어쩔 수 없음 알기에

바람공쟁이 당유자 분 뜨고
하루 한 본 어렵게 옮긴다
성봉이 있어

어진 총각 형(성호)
두 개나 있다고 콩팥 하나 주어
도망치는 목숨 겨우 붙잡은
조카 성봉이

나 돕는다고
오늘도

저만치서 열댓 발짝 걷고 쉬고
다시 쉬고 걸어

올라오고 있다

오르미*

언제나처럼

저녁 산보에

쌀오름 둘레길 앞장. 신났다

부스럭 옆 고대왓 꺼럭 세운 멧돼지

정면 엄니 하얗게 갈고 직 돌진

피할 새 없이 세 발 두 발 한 발 순간

오르미 놈의 귓자락 물어 내려친다

개곡을 울리는 금속성 멧돼지비명

나는 솔남가지 잡을 수 있었고

거구의 몸체를 피할 곳 없는 눈 쌓인 가시 자왈 속

허공에 던져진 오르미

동백꽃처럼 뿌려진 핏덩이

꼬리 두세 번 치고

손등을 핥더니

툭 고개 꺾인다

---

* 오르미: 화자가 일생 드려 만듦. 개의 한 종.

경언이

서귀국민학교 6년 한 반 경언이

어질고 껄쭉한 키
다투어본 기억 거의 없어
학교 풀면 허리책보 내던지고
냇가 뜰로 새잡이 다녔다

돈만 생기면
면사무소 뒤 찐빵 집
나 데리고
하얀 김 펑펑 열 개
다섯씩 먹는다

그 날
더 껄쭉한 경언 아빠
뒤 돌담 서서
우리집 오는 걸 보고
나쁜 벗 꼬임에 돈 도둑질한다고
폭삭 맞고 코피 터지더니

한동안 뜨음했다

나 한 번도 꼬인적 없고
나 주머니 돈 있은 적 없다

잊을만한 날들 지난 오후
빙그빙그 웃으며 나타나더니
솔동산 고급 빵집
머뭇거리는 나 억지 데려 간다

동 동네 신장로 상점집 큰아들
김경언

청구서

명 강의는 엄교수
타이를 꼭 매고 선비처럼
흐트러짐 없는 자세라고

노타이 보면 십만 원(시집만원) 걸었다

어느 따뜻한 봄날
시인 아내
노타이 사진 왔다

벌꿀 다섯 덩이 차에 실어주고

통장 가득 찬
엄 교수 앞으로
일십만 원 청구서 보냈다

어머니

긴긴 땡볕 허리 걸메고
남일 해주고 삯
보리 한 되

기다리던 오일장 날
왔다 고무신
내꺼 열십자 깊이 잘라 표시
신을 때 바닥 위로 눌러 확인

이젠 형아 교과서로 종이배 띄우기
매만 맞지 싱겁고
애린내 고인 물 햇볕과 신나게
전천후 고무신 배 띄운다

서귀포 쨍쨍 한라산은 폭우
산버른내 터져 겨우
목숨 건져 올라와
보니

날은 어둑어둑
죽어도 고무신마는 안돼
울고 울었다
와락 껴안기에 돌아보니

아이고 나 새끼
나 새끼 못 잡아먹고
고무신만 빼앗구나
아이고 나 새끼
아이고 나 새끼

거리

가까이 갔더니 데고

멀리했다 적

부드러운 거리는

수녀님

시집

보내려니 주소 몰라

뭐 좀 물어 보겠습니다

네에 마침 샤워도 끝났네요

아무거나 물으시고

너무 아프면 싫어

살살 물으셔야 해요오

행운 셋

나 지구에 와서 이름 없는, 이지만

시인 산억수

고향 서귀포

며늘아 허은희

20180904

오빠의 날

두 달 21일 앞두고
첫 만남

손녀
지구에 살기만 한다면

이젠 잘 먹고 잘 싸고 잘 잔다니
됐다

파카 지퍼를 열고 가슴에 안았다
이 녀석

할아비 품에 우주가 웃는다

이 산 저 산

먹고 살려고 30대 초

자본 부담 없는 꿀벌 쳤다

70 마지막 남은 것 없고

나 하는 일성머리 그렇지 뭐

지나다 오랜만에 지인 만나

꿀 한 덩이 드리고

애견과 이 산 저 산

산이 좋아 산 산 산……

제주시서 본

저 저 년 저 년

강알 앙삭 벌영

가알갈갈갈~~~

오줌 깔긴다

목돼지

나 보고

하르방 하르방 나무란다

환갑도 한참 지난 서너 해 젊다고

카렌다 사람 보며 넘기더냐

팽나무에 목매단 듯 그슬린 듯

나무란다

골초골초

망설이다

배고프긴 하고

라면 하나 반 끓여 먹는데

역류성 식도염 환자가 라면 먹는다고

나무란다

공업단지 굴뚝이

짱미

엄마의 엄마 전장 특수부대원(따)
휴가 중 격투기 선수(핏)와 딱 한 번 실수?
태어난 흑장미

독일 백작 후손 아빠
할 일 많은 세상
일없이 헌팅 복 차입은 놈팡이헌

낳고, 250고지 바람의 고향에서
로즈데이 예약 한 두 시간 늦어
5월 15일 생

멧돼지에게 당했나
이름 없는 시인의 벗
단 하나의 새끼

곱슬이만 지구에 두고

그녀의 선물

마음 속 살던
소꿉친구가

서울 고층 아파트 한 동 준다기에
말 끝나기 전 묻지 마 받았다

자기 생전만이라도 팔지 말고
허드레 벗 하자기에

벗만 뜯어 가지고
팔지 못하는 것 미련 없이 돌렸다

지금
충견과
 서귀포 뒷동산 가건물에 산다

점심

폐차 직전 자동차만 골라 탔었다

중고차 가격이 터무니없다

돈을 떠나 이 나이에 마음고생 할 것 같아

얼떨에 새 차 사들었다

자식들 시에 직장 바빠

출근하듯 드나드는 벗은 그렇고

새 차 타고

어 성철이 점심이나 먹자

xxx과 xx이

서xxx xx동 xxxx-14 번지. 480 제곱미터.

xxx에게 준다.

서xxx xx동 xxxx-12 번지.1.041 제곱미터.

xx에게 준다.

이 땅 칠년 전 5억(잡비포함)에 살 때 단 한 닢도 붙임 없다.

팔아선 안되고.

지구에 사는 동안 이 땅 파 먹고 살다.

떠날 땐 후손에게 받은 조건으로 넘긴다.

는 조건으로.

14번지 내 100평 정도의 땅은 기회가 오면 아버지가 사서 부처 주기로 하고.

나 후손들은 나처럼 춥고 배곯지 마라

나처럼

2023년 가을도 다 익어간다.

제5부 ㅅㅅ

배냇톱 달

죽어 백년 후

나 시 죽어 백년 후 독자께 쓴다

서정시인

나에게 최고의 시는

윤동주님 '서시'

서시 없었다면

억새왓 단편 찾아

헤매고 있겠지

하 여사님(ㅎㄴㅂㄹ)

2023년 지구 불더위

빙하 녹아 무너지면

굶주린 백곰 얼음덩이에 떠내려가고

인충人蟲들 때문이라고

가난 사람부터 잡기 시작했다

놀란 그녀

서둘러 입추 처서 뛰고

백로에 오더니

분 바르고

나들이 오는 소리

구걸

바람공쟁이

전반적 평 좋아
청와대 비서실 장벽 넘어
문재인 대통령 서재 안착

자신 있어
신문광고 문의했더니
8백만 원
출판비(천권) 7백인데

포기하고

신문사 관공서 도서관 지인들 우편으로
가까운 곳 발품 드려 전해드리니
꽝(뼈)이 폭삭

늦추위
넘던 2018030574 햇덩이
킥킥

뭘 봐 웃기는 짯씩 갈 길이나 가지 않고

다섯 테마

삶

사랑

참여

우정

시

재미로워

주관적
자신의 감정과 정서를 노래하는 서정시

하도 재밌어

수필 쓴다면서
삼 년 넘게 단 한 편 안 쓰고

쓰고픈 맘 없어

서정시
서정시

2023년 시詩 79

밤 깊도록 허기지게
쓰고 쓰고 쌓이는

시 시 시
날 밝으면 돈 돈 돈

아르바이트 아들놈 학자비
딸아이 실습비
돈 아까워 쪼개 쓰는 아내
더러 나 책값 교통비 찻값
이래한다는 데

나의 고뇌는

쓰면 쓸수록 처치 곤란
쓰레기 쓰레기 만

쌓인다

71년 시詩

시

늙은이 심심소일 쓰는 것 아니다

2015년

시 장르 찾는 데

71년 걸렸다

시詩 몰랐다면

서 시
만나 삶 길 찾고

지구서 5일(19450216옥사) 같이 살았다

화자, 오사카 돈벌이 온 조센징 자식
임은 복강감옥 생체실험용으로

시 몰랐다면

외로워 죽던지
아니꼬 죽던지
죽이고 죽던지
죽고싶 죽던지

시 몰랐다면

배냇톱 달

며늘아

지 새끼

보유스름 톱 잘라

옆 뜰에 묻더니

밤이면

바람공쟁이에

놀다 간다

우러나는 시詩

나의 시

만드는 시 아니다

텅 빈

어쩌다 일렁이는

그 무엇

잡는 것이다

시인의 점심

가난한 시인 지망생과
점심이나 하려고
어제 남긴 식은 죽 때우고

서둘러 문화원 휴게실 왔다

이유가 뭘까
휴대폰 불통 문자만 겨우
기어 다니다 죽는다

혼자 7.8천원 점심도 그렇고
5백시시 우유 들이키니

세계대전이다 3차

배곯다

시

애타게 기다려도 안 오기에

어렵게 수소문하니

배

고프단다

호신護身

이름 없는 시인이지만

돈
술
명예
여인

갈려는

내 마음 다스릴 수 있음은
71년
넘어서였다

심장사상충

어떤 시詩

읽고읽고읽어도무슨말인지몰라도무슨말인가
읽고읽고 읽어도 모르는 걸 보면 멍청인가
읽고 읽고 읽어도 짜증 짜증에 짜증스럽다

내가 이런 시를 쓴다면 당신네 집
개가 되겠소

명견 큰돈 주고 사 왔는데
구역질 나
병든 개

심장사상충

술푸대

시詩

왜 이리 말 많고 지저분하냐

한두 마디로 지구 들었다 놓았다 해야지

아버지가 쓰세요

내가 시인이냐

술푸대지

어이고

학질 터는 소리 말라

바이브레이션이라고

학질 털지 말라 학질 털지 마라아

것도 소리냐

소리 할 테면

홀어미 눈물 나게 못할 바엔

소리 말라 소리 마라아

어이고~

이 밤 저 밤

이 밤 저 밤사이

눈보라 속 헤매던

시詩

추위 피해

오르미*네집 들었다

바람 멎자 나서려는 걸

오르미 막아서고

시 한 편 잡았다

──────────
* 오르미: 화자네 충견

나 서정시

우연히

서정시를 알고

서정시로 등단하여

서정시로 문학상 지나

서정시로 만년을 살다

서정시로 지구 떠난다

서정시

돌려드리며

2015 가을 만나 2019 가을이라

올 초 시 한 편 청탁 받고
보냈는데
히히 멋쩍게 돌아왔다

등단장사 출신이라고

이미 보낸 아이니
바람공쟁이도 있고
문제아가 아니라면

멸시받을 놈은
아닌데도
밟힘 당해야 했다

허허롭다

고근산 노을 익었으니

이제는 벗어 날 때

2015년 가을 시부문 등단(직책포함) 돌려드리며

오일시장 똥강아지
받아주고 아껴 준
발행인 기획장 동인님들

마음만은 돌려 드릴 수 없습니다

사람 되려

하여사

코트를 날리며

들어서더니

바쁘다며

왜 쓰느냐

다그치다

나는 시, 사람 되려고 쓴다

20200923

학수바위 붉게 단장할 즈음이면
어쩐지

다시 등단 못할 수준 아니라
착각하며 시를 쓴다

생각대로 착착 안 되기에
구걸하는 것 같아 접었었다

심심心心으로 마음 갔는데
시시詩詩 편집장 폰이 왔다

사정 있어 늦었다고
겨울호 추천등단 어떻냐

고

광시병狂詩病

제주대서 만난 배 여사
멋진 시인이자 교수 문학박사 시강의 한다고

무의미자아난해 섞더니
색스 어쩌저쩌

탐라섬 윗동네 탑동서 일 년 뒹굴다
차버리고 나오며

정년퇴임 황보 영어 선생과
그런 시를 쓰느니 개가 되리라

시 광시병狂詩病 걸렸다

가생202379

지난 4월 문인들과 문학기행 올랐다

가람 이병기선생 생가에서 본

늙은 탱자의 근육질

불면증에 잡혀 먹히다

이달 2일 오늘 산수진(딸)과 처음이고 마지막 여행 왔다

가람 손주님에게

탱자 열세 알을 얻고

아침 비행기로 저녁 돌아왔다

맛보기로 살짝 씹으니 눈이 팍 감기면서

오랜만에 깊은 잠에 들었다

■ 산억수 시집 평설

제주의 한과 눈물, 그리고 분노

이제인
(시인)

　제주도 사람, 거칠지만 의리 있고 섬세하고 따뜻한 사람, 한 번도 직접 대면하여 만난 적은 없지만 오래 만나온 사람처럼 편안한 느낌을 주는 사람이 산억수 시인이다. 집 나가 떠돌다 지쳐 돌아올 때 반가이 맞아주는 동구 밖 회화나무 같은 사람, 그러나 그 무엇보다 시를 사랑하고 시에 목숨 건 사람이라고 기억하고 싶다. 그의 시편들을 읽다 보면 휘몰아치고 내달리는 거친 제주의 바람을 마주하는 느낌이 든다. 그의 삶 자체가 시였고, 울분 가득한 역사였고, 눈물이었음이 분명하다. 그러나 그의 시편들에는 용서와 화해의 제스츄어로 스스로의 마음을 위무할 뿐만 아니라 타인을 향한 폭넓은 이해와 공감의 마음이 담겨있다. 시편들 곳곳에서 돌출되고 있는 제주방언의 몰이해에도 불구하고 충분히 시인의 서정에까지 도달할 수 있는 것은 시적 진실성과 성실함이 엿보이기 때문은 아닐까 싶다.

그가 시집을 준비하고 있노라고 불쑥 말한 뒤 3년이라는 세월이 지났을 때 그의 두 번째 시집 원고가 내 손에 들려졌고, 미력하지만 그의 시편들을 깊이 읽어가며 그의 살아온 삶의 여정과 시를 향한 그의 꿈을 함께 찾아 나서 보기로 한다.

1.

그는 어렸을 때부터 시인이 되고 싶었고, 시를 쓰고 싶어했다. 그의 꿈은 이루어졌고, 2015년에는 첫시집 『바람공쟁이』도 묶어 내게 되었다. 그것은 또 다른 시작이었고, 시를 향한 그의 짝사랑은 더 뜨겁게 타올랐다. 별을 향해, 우주 공간을 향해, 사람을 향해 그가 쏘아 올린 불꽃은 그의 시편들 속에 고스란히 남아 있다.

 이웃 지구에서

 불씨 얻었으니

 저녁 지어야지

 어서 집으로 가자

 －「심부름」 전문

위의 인용시는 짧지만 그의 인생관을 함축적으로 담아내고 있어 수작으로 여겨진다. 우리 생명은 어디로부터 연유한 것일까? 많은 종

교가 이 물음에 답을 주기 위해 나름의 교리를 앞세워 믿기를 권하고 있고, 세기의 철학자, 과학자들이 그 질문에 대한 답을 찾기 위해 일생을 바쳐 종사해 오고 있지만 여전히 이 명제는 미결의 문제로 남아 있다. 어쩌면 이 지구에 인간이 존재하는 내내의 시간까지도 이 명제는 명쾌한 답을 찾지 못할지도 모른다. 이처럼 오랜 세월 동안 열리지 않은 생명 근원에 대한 판도라는 우리 인간에겐 접근이 금기된 금단의 영역임이 분명한 것 같다. 시인도 이 문제를 풀고자 부단히 노력해 온 것 같다.

시인은 생명의 불씨를 이웃 지구에서 얻어어왔다고 표현하고 있다. 그 이웃 지구가 어디인지 구체적으로 밝히지는 않고 있지만 아주 먼 곳에 존재하고 있는 것 같지만, 마음으로는 가깝고도 친밀하게 느껴진다. 자신이 노력해서 얻은 목숨이 아니니 교만할 필요가 없다. 얻은 목숨으로 저녁을 지어 먹으며 살아가다가 또 다른 집을 향해 어서 가겠다는 그의 인생관은 낙천적이고 초월적 우주관으로 연결되어 있다. 한치의 주저함도 없이 '어서 집으로 가자' 의지적 다짐은 창조주에 대한 무한 긍정과 신뢰 믿음이 있기에 가능한 것으로 보여진다. 그가 시를 통하여 펼쳐갈 인생사가 기대되는 것도 이러한 이유에서 일 것이다.

2.

그의 시편들에서 간과할 수 없는 또 한 가지 의미 있는 관심사는 역사의식이다. 제주도 사람이라면 자유로울 수 없는 역사의 아픔을 제주도 토박이인 시인의 시각으로 드려다 보는 것은 의미 있는 일이다. 그는 비극의 역사를 참담하지만 흥분하지 않고 담담하게 서정적으로 잘 표현하고 있어 시적 긴장감과 예술적 비애미를 더욱 느끼게 한다. 단순한 자신의 감정을 토로하는 시편들에 머물지 않고 어린 시절 제주도 사람들이 겪은 체험을 시적으로 승화하였다는 점이 더욱 구체적이고 실제적인 감동으로 다가온다.

  늙은 곰솔에
  밤마다 찾아오는

  서귀포 쌀오름 앞 헬스케어 만든다고
  임자 없는 무덤들
  포클레인
  안 듯 모른 듯 모른 듯 파헤쳐 버렸다

  지난 4.3 때
  토벌 떼, 산사람에 오금 저려
  마을 사람들 대왓에 숨었다

  배고파 우는 제 새끼
  젖가슴으로 눌러 죽인 젊은 어미는
  미쳐 억새왓으로 사라져버렸고

  솔왓 아기 무덤 사라지자
  밤 깊도록

엇쩌엇쩌 엇쩌엇쩌엇쩌
엇쩌엇쩌 엇쩌엇쩌엇쩌······
　　　　　　　 -「엇쩍이 (4.3 이야기)」 전문

　1947년 남로당원들이 정부에 대항하여 투쟁을 일으켰는데 아무런 관련도 없는 무고한 제주도민을 남로당원으로 취급하며 1954년까지 수만 명을 학살한 역사적 비극이 일어났는데 이 사건을 우리는 제주도 4.3사건이라고 한다. 그 당시 제주도의 인구 규모를 생각하면 이 비참한 현장을 비켜간 사람은 그리 많아 보이지 않는다. 인용 시편을 살펴보면 그 참상이 어떠했는지 짐작해 볼 수 있다.

　"지난 4.3 때/ 토벌 때, 산사람에 오금 저려/ 마을 사람들 대왓에 숨었다// 배고파 우는 제 새끼/ 젖가슴으로 눌러 죽인 젊은 어미는/ 미처 억새왓으로 사라져 버렸고// 솔왓 아기 무덤 사라지자/ 밤 깊도록/ 엇쩌엇쩌 엇쩌엇쩌엇쩌/ 엇쩌엇쩌 엇쩌엇쩌엇쩌······"

　이보다 더 비극적인 일이 어디 있을까? 어미가 제 살겠다고 새끼를 젖가슴으로 눌러 죽였다니. 다른 것도 아닌 생명을 살리는 젖가슴이 살상의 무기가 되다니, 참으로 비극적인 역사가 아닌가? 다시는 경험하고 싶지 않은 슬픈 아이러니의 현장이 비단 제주에만 있었겠는가?
　이념의 갈등과 대립이 가져온 참상의 상처는 아직도 완전히 아물지 못하고 고스란히 그 상처가 대물림 되어 후손들이 감당하며 살아가고 있어 이 시편이 주는 의미가 여전히 크다고 하겠다.

또한 시인은 "서귀포 쌀오름 앞 헬스케어 만든다고/ 임자 없는 무덤들 / 포클레인/ 안 듯 모른 듯 모른 듯 파헤쳐 버렸다"인용 싯구는 개발에 밀려 역사의 현장이 제대로 관리되지 못하고 방치되어 훼손되어 버린 현실을 "솔왓 아기 무덤 사라지자/ 밤 깊도록/ 엇쩌엇쩌 엇쩌엇쩌엇쩌/ 엇쩌엇쩌 엇쩌엇쩌엇쩌"를 통하여 자신의 힘으로는 어떻게 할 수 없는 애통한 심정을 어쩌어쩌라는 의성어를 통하여 표현하고 있다. 어쩍이는 제주 방언인데 해결할 수 없는 난감한 상황을 맞닥뜨렸을 때 안절부절하며 내뱉는 '어쩌지', 혹은 '어떻게 하지'와 같이 들려 시인이 나타내고자 하는 감정을 효과적으로 표현했다는데 극찬할 수밖에 없다. 또한 엇쩌엇쩌 의성어를 반복함으로써 시어의 리듬감을 살려 음악성뿐만 아니라 예술적 비애미를 극대화시켰다는 점을 주목해 볼 수 있겠다.

3.

그의 시편들에서 지배적으로 나타나고 있는 주목할 만한 서정의 양상은 비애의 정서이다. 일제 36년의 억압과 6.25 동족상잔의 끝트머리를 지나온 세대들에게선 빼놓을 수 없는 정서적 트라우마이기 때문에 이 시가 더욱 공감과 감동을 불러일으킨다고 볼 수 있겠다. 오랜 우리 민족은 역사 이래 참 많은 외적의 침략을 받아왔다. 그중에서도 일본과 중국은 삼국 시대로부터 조선에 이르기까지 우리 민족에게 치명적인 내상을 입혀왔다. 그들의 침탈에 고통을 당해온 민족의 정서는 당연히 슬픔과 맞닿아 있을 수밖에 없었던 듯하다. 삶의 터전을 잃고 백성들은 유리방황의 길을 떠나야 했고, 백성들 대다수는 배고픔의 고통으로 내몰려야 했으리라. 이런 가운데서도 우리 문학은 백성들의 상한 마음을 위트와 해학으로 위로하고 위무하는 역할을 충실히 담당해 온 것도 사실이다. 시인의 시편들에 녹아있는 비극과 비애의 정서는 우리 민족 전통의 서정을 잇고 있어서 의미가 크다고 하겠다.

눈 덮인 새벽

초가 마당

굴묵방고래에서 돼지 먹이 쇠막으로

배고픈 어린 새

맨발 자국

종 종 종

－「어린 소쩍이 날다」

그가 펼쳐 보이는 서정의 세계는 겨울 눈 덮힌 새벽 초가 마당이다. 굴묵방 고래에서 돼지 먹이 쇠막으로 배고픈 새 한 마리가 먹이를 찾아 종종걸음치고 있다. 외형적으로 나타난 모습은 고요하고 평화스럽고 배고픔과는 거리가 멀어 보이는 유토피아를 연상시키는 공간이다. 그러나 이것은 곳간에 먹을 양식이 든든히 쌓여 있고, 땔나무가 넉넉한 사람의 시선으로 바라본 경우이다. 그런데 이 시의 화자의 시선이 머문 곳은 배고픈 어린 새에게이다. 눈 덮인 새벽은 배고픈 어린 생명에게 최악의 환경이다. 어디에서도 먹을 것을 찾을 수 없는 극한의 환경이라는 뜻이다. 밤내 배고픔을 견디며 일찍 잠을 깬 어린 새는 낱알을 찾지 못하면 굶어 죽을지도 모른다. 그러나 새는 맨발로 종종거리며 밥이 있을 만한 곳을 찾아 기웃거리고 있다. 국묵 방 고래에서부터 돼지 먹이 쇠막으로 바삐 움직이고 있다. 서정적 자아의 근성을 엿 볼 수 있는 부분이라 흥미롭다. 시인은 배고프고 온기 하나 없는 겨울 벌판과 같은 삶을 맨발로 종종거리며 부지런히 살아 여기까지 왔는가 보다. 인용 시편이 주는 감동은 그래서 더 아름답고 견고한 서정성을 내포하고 있는지도 모르겠다.

4.

아래 인용 시편은 역사적 비애의 현장을 넘어 현대 우리가 살아가고 있는 삶의 현장으로 외연 확장이 이루어지고 있어 시인의 만만치 않은 정서적 견고성을 느낄 수 있어 시사하는 바가 크다고 보겠다. 경제발전과 함께 따라온 대기오염, 토양오염, 수질 오염 등 자연환경의 파괴는 부메랑이 되어 돌아와 우리 식단을 위협하고 있는 현실은 오늘 어제의 일이 아니다. 다음 세대들이 살아갈 미래는 과연 어떻게 변모될까? 그 앞날이 밝기만 한 것은 아닌 것이 현실이다. 이러한 위기의 현실을 비판적 시선으로 견지하면서도 자연공동체 우주공동체적 가치관으로 자연과 더불어 살아가야 하는 건강한 자연친화적 세계관을 피력하고 있어 든든하다.

    유기농 한다고 풀 뽑지 않았다
    그들도 살아야 하기에

마당보다 넓은 땅 대여섯 컨테이너
거두리라

이럴 수가

풀뿌리에 몰린 고구마 줄기들
풀뿌리 닮은 쭈그렁 몇 개

잡초 잡초에 몰려 잡초
잡초

잡초

- 「유기농」

 시적 화자는 유기농으로 농사를 짓는 농부인 듯하다. 농사를 지어 판매를 목적으로 하는 상업적인 농부이기보다는 자신의 식용을 위해 고구마를 심고 채소를 가꾸는 텃밭 농부인 셈이다. 그래도 농부는 농부이다. 필자의 경험으로 보면 작은 텃밭에도 꽃이 피면 벌이 날아들고, 열매 맺는 시기가 되면 벌레도 낀다. 규모가 작으면 작은 대로 크면 큰 대로 감내해야 할 시련이 있다. 시인은 벌레를 쫓기 위해 인공적인 방법을 사용할 것을 거부한다. 더 많은 수확을 거두기 위해 비료를 뿌리고, 잡초를 뽑기 위해 제초제를 뿌리기를 거부한다. 잡초와 함께 살기를 선택한다. 분명히 잡초가 영양분을 다 가져가면 수확량이 훨씬 줄어들 텐데 아랑곳하지 않는다. 그 결과 고구마는 자라지 못하고 오히려 풀뿌리를 닮아 쭈그렁 열매가 되었다.

"잡초 잡초에 몰려 잡초/ 잡초"라고 한탄과 후회 가득한 말을 내뱉고 있지만, 그래도 시인은 씨 뿌릴 내년 농사철이 돌아오면 다시 유기농을 고집할 것 같다. 왜냐하면 이제 잡초와도 정이 들었기 때문일 것이다.

위의 시편에서 볼 수 있듯이 시인은 자신의 이익만을 추구하는 사람이 아니다. 베풀기를 좋아하고 타인과 더불어 살아가기를 선택하는 사람인 것 같다. 이웃 지구에서 불씨 하나 얻어 살아온 인생이니 무엇이 그리 안타깝고 아깝겠는가? 곧 생의 저녁이 오면 자신의 생명 근원인 또 다른 집을 향해 떠나야 하는 존재임을 분명히 인식하고 사는 사람만이 가질 수 있는 여유와 편안함이 그에게는 있다. 아래 시편을 보면 그가 어떤 생각으로 삶을 살아가며 그가 지향하고 있는 시의 지평을 가늠해 볼 수 있을 것 같다.

> 서둘지 말고 쉬엄쉬엄
>
> 세상 따스한 인연들만
>
> 가슴에 묻고
>
> 뒤돌아보지 말고
>
> 간혹 살짝 돌아보아도
>
> 괜찮다
>
> 쉬엄쉬엄 가거라
>
> — 「이별」

부디 이별이 더디 오길 기대하며 거칠지만 따뜻한 산억수 시인의 시편들을 오래도록 볼 수 있기를 소망해 본다. 두 번째 시집 출간을 축하드리며 그동안의 인연에 고마움을 전합니다.

시인 산억수

* 일본 오사카(대판) 에서 낳고.
* 제주 서귀포 고향.
* 계간 현대수필 수필 등단 (2011년)
* 시집 바람공쟁이 묶으며 시작(詩作) 활동 (2015년)
* 계간 동행문학 추천 '다시 등단' (2023년)
* 제13회 문학세계문학상 대상 시 (2016년)
* 시집 '바람공쟁이' '피꽃 피우고'
* e-mail; sanuksu@naver.com

피꽃 피우고

지은이 | 산억수
펴낸이 | 안제인리
펴낸곳 | 동행 출판사
1판1쇄 | 2024년 1월 25일
등록번호 | 제2022-000020호
주소 | 서울시 종로구 성균관로4길 37 101호
전화 | 02-744-7480
FAX | 02-744-7480
전자우편 | dhaeng33@naver.com

값 15,000원
ISBN 979-11-984311-1-0 (03810)

* 이 책의 판권은 지은이와 동행 출판사에 있습니다. 양측의 서면 동의 없는 무단 전제 및 복제를 금합니다.